जो किनारा था कभी

(ग़ज़ल)

वाणी प्रकाशन

नयी दिल्ली-110002

जो किनारा था कभी

लक्ष्मण दुबे

वाणी प्रकाशन

प्रकाशन के उत्कृष्टतम 62 वर्ष

पहला संस्करण : 1998

vaniprakashan.com

वाणी प्रकाशन

4695, 21-ए, दरियागंज, नयी दिल्ली-110 002

फ़ोन : + 91 11 23273167, 23275710

शाखाएँ

अशोक राजपथ, पटना-800 004, बिहार

कॉफ़ी हाउस कैम्पस, महात्मा गांधी मार्ग, प्रयागराज-211 001, उत्तर प्रदेश

महात्मा गांधी अन्तरराष्ट्रीय हिन्दी विश्वविद्यालय, वर्धा-442 001, महाराष्ट्र

sales@vaniprakashan.in
vaniprakashan@gmail.com

Jo Kinara Tha Kabhi
by Laxman Dubey

ISBN : 978-81-7055-523-0
Ghazal

मूल्य : ₹ 295

जी.एस. ऑफ़सेट, दिल्ली-110 095 में मुद्रित

वाणी प्रकाशन का लोगो मक़बूल फ़िदा हुसैन की कूची से

पहले किसे अंदाज़ा था कि मीर और ग़ालिब जैसे उस्तादों की विधा में दुष्यंत जैसा मौलिक ग़ज़लकार पैदा होगा जो बीसवीं सदी के अंतिम दशकों के कवियों-शायरों के लिए प्रेरणा का बिंदु बन जाएगा।

कहने का तात्पर्य यही है कि किसी विधा को गतिशील बनाए रखने की जिम्मेदारी उससे जुड़े रचनाकारों की है। ग़ज़ल में दुहराव की स्थिति पैदा करने की ज़िम्मेदारी उनकी है जो ग़ज़ल लेखन से इतर लाभ उठाना चाहते हैं और उसका पूर्णतः व्यावसायिक इस्तेमाल करने में जुटे हैं। वे ग़ज़ल-गायकों से अपनी घिसी-पिटी ग़ज़लें गवाकर कैसेट भी निकलवा लेते हैं और आकर्षक क़ाफ़ियाबाज़ी करके ढेरों ग़ज़लों की खेती करते हुए संकलन-पर-संकलन छपवाकर उन्हें कवि-सम्मेलनों और मुशायरों में बेच भी आते हैं। ये लोग ग़ज़ल को मात्र गाने की चीज़ समझते हैं। ग़ज़ल में कोई पुख़्ता जीवन-दर्शन, सामाजिक सरोकार उन्हें दरकार नहीं। मेरी मान्यता है कि ऐसे उत्साहियों ने ग़ज़ल में दुहराव की गंध पैदा कर दी है। मगर इस घटाटोप में भी ऐसे बहुत-से ग़ज़लकार हैं जिन्होंने ग़ज़ल को नए आयाम दिए हैं। शमशेर, त्रिलोचन, शंभूनाथ 'शेम', बलबीर सिंह रंग, चिरंजीत, बालस्वरूप राठी की सर्वथा चुस्त दुरुस्त ग़ज़लों के बाद सूर्यभानु गुप्त, अदय गोंडवी, रामकुमार कृषक, ज्ञानप्रकाश विवेक, राजेश रेड्डी, उर्मिलेश जैसे अनेक ग़ज़लकार हैं जिन्होंने ग़ज़ल की नई ज़रूरतों को पहचाना भी और पहचान भी दी। इन कवियों की ग़ज़लों में दरबारीपन नहीं, मनुष्य की नियति, सामाजिक विसंगतियाँ और युगीन तड़प दूर-दूर तक दिखाई देती है। लक्ष्मण दुबे इसी परिपक्व पीढ़ी में शामिल होते हुए एक अन्य ग़ज़लकार हैं।

लक्ष्मण दुबे अपनी ग़ज़लों में व्यक्तिनिष्ठ भी हैं और समष्टिनिष्ठ भी। उनके निष्ठा और सरोकार पूरी मनुष्यता से है। उनकी सौंदर्यदृष्टि व्यापक है। इक़बाल की विश्वप्रसिद्ध पंक्तियों पर प्रश्नचिह्न लगाते हुए, आज के संदर्भों में उसकी विसंगति को उजागर करते हुए लक्ष्मण दुबे ने लिखा है :

मज़हब नहीं सिखाता सचमुच जो वैर रखना,
इतने फ़साद झगड़े फिर किसलिए हुए हैं !

इतना ही नहीं निराला की प्रख्यात रचना 'वो तोड़ती पत्थर' की लड़की आज भी उसी स्थिति में है और लक्ष्मण दुबे इस यथास्थिति पर अपनी व्यंग्यात्मक टिप्पणी कुछ इस प्रकार करते हैं :

कुछ साल पहले कवि ने देखी थी धूप में जो,
पत्थर को तोड़ती वह अब तक भी छोकरी है।

लक्ष्मण दुबे ने ग़ज़लों में अनेकानेक सवाल उठाए हैं। उनके दोस्त सियासत के मरीज़ हैं और कोई दवा उनके लिए कारगर हो ऐसी उम्मीद नहीं है। दुबे के दिमाग़

लक्ष्मण दुबे की ये ग़ज़लें

ग़ज़ल के अपने अत्यंत लघु संग्रह 'गंगाजल का समय' में ग़ज़ल के बारे में लिखते हुए मैंने कहा था--प्रेम के ढाई आखरों को पूरी तरह समझना जब ज्ञानियों-ध्यानियों के वश की बात नहीं, तब ग़ज़ल के तीन अक्षरों की व्याख्या आसान कैसे हो सकती है ? प्रेम वर्णनातीत है, उसकी भंगिमाएँ अगणित हैं, तो ग़ज़ल भी ग़ज़ब की रहस्यमयी विधा है, जिसमें सुविधा कम दुविधा ज्यादा है। मेरे विचार से ग़ज़ल को परिभाषित करना टेढ़ी खीर है। मगर खीर टेढ़ी हो या सीधी, स्वादिष्ट तो होती है। ग़ज़ल का स्वाद जिसे एक बार भा जाए तो यह लगी जीवन भर नहीं छूटती।

कहना होगा कि लक्ष्मण दुबे को ग़ज़ल का स्वाद कुछ ज़्यादा ही भा गया है। ग़ज़ल के प्रति उनके लगाव का प्रभाव उनके दूसरे ग़ज़ल संग्रह 'जो किनारा था कभी' के प्रकाशन के रूप में सामने आ रहा है। केवल दो वर्षों के अंतराल के बाद दूसरा संकलन तैयार कर देना कोई हँसी-खेल नहीं है। लेकिन लक्ष्मण दुबे ने यह काम कर दिखाया है। यह उनकी दीर्घ ग़ज़ल-साधना का परिणाम भी है। प्रसन्नता इस बात की है कि उनकी कई ग़ज़लें और अश्आर बेहतरीन और यादगार बन गए हैं। आमतौर पर देखने में आया है कि बहुत ज़्यादा लिखनेवाले स्वयं को दोहराने लगते हैं। मगर लक्ष्मण दुबे में यह बात नहीं है, वे स्वयं को दोहराते नहीं हैं अपितु नया-से-नया कहने की कोशिश करते हैं और सफल होते हैं।

पिछले दिनों 'हंस' पत्रिका ने ग़ज़ल पर एक 'बहस' आमंत्रित की थी। माना गया कि ग़ज़ल में 'दुहराव की गंध' व्याप गई है और उसका विकास अवरुद्ध हो गया है। यद्यपि 'दुहराव की गंध' की बात साहित्य की लगभग सभी विधाओं के संबंध में दुहराई जा सकती है, तथापि मौलिक लिखनेवाले तथा नए प्रयोग करने में सक्षम रचनाकार हर बार कुछ नया कर गुज़रते हैं और पुरानी पड़ गई विधा भी नई चमक, नए तेवर और नई संभावनाओं के साथ सामने आती है। आज से ढाई दशक

गुरुवर

योगीराज

स्वामी लीलाशाहजी

की स्मृति में

में कौंधती वे लड़कियाँ हैं जो घर से रोटियाँ कमाने निकलीं, मगर लौटकर घर नहीं आईं। लक्ष्मण दुबे उस ज़िंदगी के बारे में चिंतित हैं जो एक झूठे बयान से अधिक कुछ नहीं लगती और आदमी जिसे बदल डालना चाहता है। उन्हें इस बात की पीड़ा भी है कि दिलबरी की दुकान खोलकर किसी क़िस्म का फ़ायदा नहीं होता। और वे संवादहीनता की स्थिति देखकर व्याकुल भी होते हैं :

दिलों में फूट हो या हो कोई गहरी ग़लतफ़हमी
हमारे काम आएगा किसी संवाद का होना

इस ग़ज़ल में वे आगे बहुत सहज, आत्मीय और गहरे होते जाते हैं। वे ग़ज़ल के प्रत्येक शेर पर वाहवाही लूटने के समर्थक नहीं। उनकी नज़र में कविता वह भी है जो सुन्न कर देती है, व्यक्ति को उसके अंतरंग में ले जाती है और चिंतन-मनन को विवश कर देती है। वे कहते हैं :

कोई तो बात हो जो आदमी को बेज़ुबाँ कर दे,
ज़रूरी तो नहीं हर शेर पर यों दाद का होना

यह सच है कि लक्ष्मण दुबे के हर शेर पर दाद ही दाद हो, ऐसा क़तई ज़रूरी नहीं है। मगर उनके कई अश्आर ख़ामोशी में गूँजते हैं और कई स्थलों पर आत्मीयता पैदा करते हैं।

आशा है कि लक्ष्मण दुबे आज की ग़ज़ल में व्याप गई कमज़ोरियों को समझते हुए, उनसे बचते हुए, अपनी बेहतरीन ग़ज़लों के माध्यम से कविता-शायरी की दुनिया में अपना नाम रौशन करेंगे।

शेरजंग गर्ग

लक्ष्मण दुबे का पहला ग़ज़ल-संग्रह 'कोई घर में ढूढ़े घर' 1996 में प्रकाशित हुआ था, जो हाथों-हाथ चला और उसको 1997 में केंद्रीय हिंदी निदेशालय, दिल्ली का रु. 25000/- का पुरस्कार महामहिम राष्ट्रपति के हाथों दिया गया। लीजिए, लक्ष्मण का दूसरा ग़ज़ल-गुलदस्ता पेश है–'जो किनारा था कभी।'

इन रंगारंगी ग़ज़लों में आपको हर ख़ुश्बू और ताज़गी मिलेगी ! हमारी हार्दिक शुभकामना व आशीर्वाद !

–कालीदास गुप्ता 'रिज़ा'

अनुक्रम

सैकड़ों डूबे बिचारे उस जगह,
सुन रखा था जो किनारा था कभी।

: 1 :

लम्हा-लम्हा बन बिखरना और बन्धन ढूँढ़ना।
भूल जाना अपना चेहरा और दर्पन ढूँढ़ना।

दोपहर की धूप में घर से निकलना और फिर,
रास्ते में धूप के टुकड़े का दर्शन ढूँढ़ना।

फायदों की जुस्तजू में भूल जाना घर तलक,
और बाज़ारों में जाकर घर के आँगन ढूँढ़ना।

मतलबों की खाइयों में इस कदर गिरना कि फिर,
हर किसी के पास जाकर आश्वासन ढूँढ़ना।

अपने हाथों से जलाकर नीयतों की होलियाँ,
अपनी बर्बादी के वो, फुरसत से, कारन ढूँढ़ना।

ज़िंदगी कुछ भी नहीं बस खेल है, आनंद है,
भूलकर भी इसमें मत कोई प्रयोजन ढूँढ़ना।

खो गईं पहचान के जुगल में राहें सब यहाँ
अब सफ़र में 'लक्ष्मण' तू अजनबीपन ढूँढ़ना।

: 2 :

आग भी, बर्फ़ भी गुलाब का फूल।
है कोई याद-सी गुलाब का फूल।

बाग़बाँ की नज़र फिसलती है,
हो रही है कली गुलाब का फूल।

जिसको रोटी की है तलब यारो,
क्या करे आदमी गुलाब का फूल।

इतना सुन्दर कोई हुआ न करे,
तोड़ते हैं सभी गुलाब का फूल।

एक दीपक-सा जल रहा गोया,
जेब पर आपकी गुलाब का फूल।

खो गई रंग-रूप में खुशबू,
अब महकता नहीं गुलाब का फूल।

कोई काँटा-सा क्यों हुआ महसूस,
देखकर इक हसीं गुलाब का फूल।

जुल्म खुशबू पे देखता है चमन,
अब खिलाता नहीं गुलाब का फूल।

लक्ष्मण ने सजा के रखा है,
मेज पर काग़जी गुलाब का फूल।

: 3 :

किसी की याद का दिल से वो हादसा होना,
घड़ी-घड़ी वो उदासी का जश्न-सा होना।

कभी न याद दिलाना भुलाई जो चाहें,
मेरा बिछड़ के किसी से वो क्या से क्या होना !

जुदा हुए नहीं और दर्द का मचल उठना,
वो तेरा पास में होना इलाज का होना।

हमारे बीच में होना जरा-सा रंजिश का,
ज़माने भर में मेरा हर जगह बुरा होना।

अभी तो दिखता है हर सिम्त दर्द का सामाँ,
जला न दे मेरा घर तुझसे यों ख़फ़ा होना।

यहीं कहीं पे ही होगा हमारे यार का घर,
नहीं तो होश का यों क्या है ला-पता होना।

तुम्हारे शहर का रस्ता मुझे दिखा देगा,
यों बार-बार मेरे दिल का बेमज़ा होना।

बिठा लिया जो 'लक्ष्मण' को पास में अपने,
अजब नहीं है ग़ज़ल का मेरी दुआ होना।

: 4 :

रहे वो दिल में तो दर्शन हुआ, हुआ न हुआ।
गुलाबी रूप को दर्पण हुआ, हुआ न हुआ।

जहाँ पे लोग गुलों की तरह महकते हों,
वहाँ पे कोई भी गुलशन हुआ, हुआ न हुआ।

तड़प रहा हो तेरी याद में जो मेरा वजूद,
लबों पे नाम का सुमिरन हुआ, हुआ न हुआ।

तुझे ही पा लिया हमने बिछड़कर अपने से,
हमारे होने का ये क्षण हुआ, हुआ न हुआ।

जहाँ भी चाहा रमाई अलख की धूनी-सी,
हुआ ही क्या कहीं निर्जन हुआ, हुआ न हुआ।

ग़ज़ल वजूद ही को खोजने का रस्ता है,
कहेंगे हम इसे चिंतन हुआ, हुआ न हुआ।

प्यार जीने की सिर्फ आख़िरी ज़रूरत है,
फिर और कोई भी बंधन हुआ, हुआ न हुआ।

बस एक दर्द भरा दिल हो काश सबके पास,
तुम्हारे पास कोई और धन हुआ, हुआ न हुआ।

सदाएँ देने लगी है तुम्हारी तन्हाई,
ग़ज़ल का शोर फिर 'लछमन' हुआ, हुआ न हुआ।

: 5 :

ख़ौफ़ का दिल में उतरना देखिये।
अपने ही साये से डरना देखिये।

जो कहीं पहुँची नहीं उस राह पर,
ख़ाक बन मेरा बिखरना देखिये।

हौसलों से रूठकर और टूटकर,
बैठ जाना, कुछ न करना देखिये।

नाउमीदी का ज़हर पीते हुए,
थोड़ा-थोड़ा रोज़ मरना देखिये।

बेबसी से देखकर आकाश को,
परकटों की आह भरना देखिये।

पहले लुटना राह में बारात का,
फिर वधू का भी सँवरना देखिये।

वक़्त के हाथों पिटे मजबूर का,
बात से अपनी मुकरना देखिये।

हैं वो पछतावे के आँसू आँख में,
उसकी नज़रों का निखरना देखिये।

चाँद-तारे दूर थे 'लक्ष्मण' बहुत,
तोड़ लाते हम भी वरना देखिये।

: 6 :

घर में ऐसा फिर बियाबाँ हो न हो।
खुद से मिलना इतना आसाँ हो न हो।

पहले हर इक आदमी इन्सान है,
बाद में हिन्दू-मुसलमाँ, हो न हो।

मस्तियों की है महक आठों पहर,
पास अब कोई गुलिस्ताँ हो न हो।

दिल में हो अहसास की दौलत अगर,
हसरतों का सर में सामाँ हो न हो।

टूटे दर और खिड़कियाँ ही हैं वहाँ,
उजड़े घर का कोई दरबाँ हो न हो।

बाँधकर हम चल दिए सर पे कफ़न,
रास्ते में अपने तूफ़ाँ हो न हो।

खोल दे, बाज़ार दिल का, खोल दे,
लूटने वाले पे एहसाँ हो न हो।

क्यों न धर दें वक़्त पर इल्ज़ाम हम ?
वक़्त को फिर हमपे ईमाँ हो न हो।

हो गया तेरी रज़ा पर जो फ़ना,
अपनी करनी पर पशेमाँ हो न हो।

काम ले ले आज इससे 'लक्ष्मण',
फिर तेरा दिल इतना नादाँ हो न हो।

: 7 :

आँखों में आज तक भी वो दर्द की तरी है।
यादों से दिल की वादी हरदम हरी-भरी है।

ख़ामोशियों में लिपटी इक चीख़ है वो गोया,
नंगा बदन छुपाए बैठी जो सुन्दरी है।

ऊँचाइयों से उसका होता नहीं गुज़ारा,
धरती पे घूमती अब आकाश की परी है।

एकान्त की वो चिड़िया इस शोर के कफ़स में,
मज़लूम-सी बिचारी कितनी डरी-डरी है !

कुछ साल पहले कवि ने देखी थी धूप में जो,
पत्थर को तोड़ती वो अब तक भी छोकरी है।

कब इश्क़ सूझता है जब तक नहीं है रोटी,
महबूब हमको यारो अब तो ये नौकरी है।

दुनिया से ऊबकर जो तन्हाइयों में डूबे,
उनके लिए बुलावा यह मेरी शायरी है।

'लक्ष्मण' के शेर यारो, उतरेंगे क्यों न दिल में,
सीधी-सी बात है और सौ-फ़ी-सदी खरी है।

: 8 :

अश्क़ बहते-बहते कब जाने शरारे हो गए।
आग में तब्दील सब जज़्बे हमारे हो गए।

देखकर के दौड़ने वालों की अंधी भीड़ को,
जो नज़र वाले थे चुपके से किनारे हो गए।

मैं मचलकर जब उन्हें बाँहों में भरने को उठा,
ख़्वाब मेरे आस्मानों के सितारे हो गए।

भूख से मजबूर लाए तो चुराकर रोटियाँ,
खाते-खाते बेमज़ा लेकिन बिचारे हो गए।

इस जहाँ में जब ज़रा लगने लगा दिल आपका,
कूच करने के जमा सामान सारे हो गए।

बेबसी, बेचारगी, खुदगर्ज़ियाँ, निर्लज्जता,
बस करो, अब शहर के काफ़ी नज़ारे हो गए।

जुल्म को अक्सर दुलारा है हमारे प्यार ने,
जाने-जाँ थे, ख़ून के प्यासे हमारे हो गए।

रात दिन और हर मुसीबत में हमारे साथ थे,
ऐब जो 'लछमन' छुपाए थे, सहारे हो गए।

: 9 :

हो सकेगी अब गुज़र, लगता नहीं।
और भी जीते मगर, लगता नहीं।

तोड़ डाली मैंने हर दीवार जब,
घर के जैसा मेरा घर, लगता नहीं।

हम हक़ीक़त हैं, तड़प हैं, दर्द हैं,
कोई आएगा इधर लगता नहीं।

वो तुम्हारी ही उम्मीदों का है अक्स,
हो ख़ुशी कोई उधर लगता नहीं।

दो बजे के बाद का ठहरा हुआ,
बीत पाए दो-पहर लगता नहीं।

मार डाली उसने सारी चाहतें,
उसको अब कोई भी डर लगता नहीं।

दोस्त अपना है सियासत का मरीज़,
हो दवा अब कारगर लगता नहीं।

शायरी के बाद 'लक्ष्मण' पर अभी,
और भी कुछ हो असर लगता नहीं।

: 10 :

झूठ-सच के बीच में थोड़ी जगह-सी है उधर।
बैठ जाएँ चल वहाँ लम्हों की छत को ओढ़कर।

शहर के फुटपाथ पर बिखरा हुआ हर शाम वो,
सुबह की अख़बार-सा टूटा-फटा देखो बशर।

इक बजूके के अजब आतंक से सहमा हुआ,
हमने देखा गाँव का ख़ामोश चौबारा इधर।

कामनाओं के ठिकाने रात-दिन ढूँढ़ा करें,
इस सफ़र में दोस्तो आता नहीं है कोई घर।

मंजिलों की जुस्तजू में टूटना और फैलना,
यह थकावट ही अभी तो काश लाए कुछ ख़बर।

ढूँढ़ भी लाएँ अगर हम एक अच्छा आदमी,
बहुत मुश्किल है मिले उससे किसी की भी नज़र।

है लबों पर 'लक्ष्मण' के बाँसुरी-सी यह ग़ज़ल,
बह रही जिसके सुराखों से ख़मोशी बन-सँवर।

: 11 :

दर्दे-जिगर बताएँ फुरसत कहाँ है हमको।
दो अश्क़ हम बहाएँ फुरसत कहाँ है हमको।

तड़पे हो रूठकर तुम और हम भी मुज़्तरिब हैं,
लेकिन मनाने आएँ, फुरसत कहाँ हैं हमको।

आँगन है, धूप भी है, खुश्बू की प्यास भी है,
दो फूल हम खिलाएँ, फुरसत कहाँ है हमको।

उन सारी मंज़िलों के मालूम हैं ठिकाने,
लेकिन तुम्हें बताएँ, फुरसत कहाँ है हमको।

तारीकियों में घुटकर हम मर ही क्यों न जाएँ,
दीपक कोई जलाएँ, फुरसत कहाँ है हमको।

घर के तमाम सुख तो बिखरे पड़े हैं घर में,
बैठें उन्हें सजाएँ, फुरसत कहाँ है हमको।

उनके तसव्वुरों में यादों को घोलकर हम,
दर्दों को गुदगुदाएँ, फुरसत कहाँ है हमको।

सुख-चैन के ये मेहमाँ आए तो सही घर में,
उनको कहीं बिठाएँ, फुरसत कहाँ है हमको।

बहलाएँ हम ग़ज़ल से ये बेक़रार शामें,
'लक्ष्मण' को हम बुलाएँ, फुरसत कहाँ है हमको।

: 12 :

इतना क्यों एतबार करता है ?
क्या तू किसी से प्यार करता है ?

बारहा दिल ये अजनबीपन क्यों
शहर में अख़्तियार करता है ?

जब नहीं कोई भी आने वाला,
क्यों कोई इंतज़ार करता है ?

भूलने के लिए उसे, उसका,
ज़िक्र क्यों बार-बार करता है ?

हम ग़ज़ल की शराब पीते हैं,
ग़म अगर बेक़रार करता है।

'लक्ष्मण' दर्द को इबादत की,
पहली मंज़िल शुमार करता है।

: 13 :

प्यार दिल में उतर न जाए कहीं।
खुशी से कोई मर न जाए कहीं।

उफ़ ! उदासी का ये खुनक मौसम,
अश्क़ जमकर ठहर न जाए कहीं।

चोट खाया हुआ ये दीवाना,
ज़िंदगी से मुकर न जाए कहीं।

इतने उत्साह से छलकता दिल,
नाउम्मीदी से भर न जाए कहीं।

ज़िक्र सच का न तुम करो इतना,
आदमी है, वो डर न जाए कहीं।

देखना है मना जिधर 'लक्ष्मण',
दिल पलटकर उधर न जाए कहीं !

: 14 :

सारी ख़ुशियाँ हैं ज़माने के लिए।
हम तो आए ग़म उठाने के लिए।

मंज़िलों के नाम का दाना दिया,
ज़िंदगी-भर छटपटाने के लिए।

बेच दी क्यों अपनी सारी आबरू,
ज़िंदा रहने के बहाने के लिए।

क्यों चराग़ों पर अँधेरे फेंकिये ?
अपने दाग़ों को छुपाने के लिए।

मर गया वो आत्मघाती आदमी,
एक छोटी ज़िद निभाने के लिए।

फूँक डाले क्यों हज़ारों घर भला,
जोश पलभर का सिराने के लिए।

'लक्ष्मण' भी भीड़ में शामिल हुआ,
अपनी मायूसी मिटाने के लिए।

: 15 :

एक पल में सात सागर तर गया।
शब्द इक कुछ ऐसा जादू कर गया।

ग़ैर का देखा जो अपनों-सा चलन,
दिल किसी अनबूझ डर से भर गया।

देर तक करता रहा था इन्तज़ार,
जाने क्या वह सोचकर बाहर गया।

मुझको बारिश तक भिगो पायी नहीं,
डूबकर इक बूँद में वो मर गया।

ख़्वाहिशों की मार से थक-हारकर,
लौटकर हर शख़्स अपने घर गया।

शख़्स कोई क्यों वफ़ा के ज़िक्र पर,
इस तरह महफ़िल से ही उठकर गया ?

इस क़लम से बह रहीं यादें तेरी,
अब कहाँ 'लक्ष्मण' दिले-साग़र गया।

: 16 :

गूदड़ी में लाल संभव क्यों न हो ?
चीथड़ों में कोई वैभव क्यों न हो ?

कंटकों की सेज पर पलता है जो,
फूल में वह दिव्य मार्दव क्यों न हो ?

जानते भी जो हलाहल पी गए,
मृत्यु का क्षण उनका उत्सव क्यों न हो ?

मानवों की पाशविकता देखकर,
मूर्तिपूजक खिन्न मानव क्यों न हो ?

प्राण मीरा बावरी बन जाएँ तो,
मन में मोहक बाँसुरी-रव क्यों न हो ?

: 17 :

पाषाणों के सौदागर भी शीशों से कतराते हैं।
शोलों से जो खेला करते, फूलों से जल जाते हैं।

डर के मारे शहर बसाए इन ख़रगोश-सियारों ने,
और जंगल के राजा देखो, शहरों से घबराते हैं।

क्या बीती है नादानी के फूलों पर ये मत पूछो,
सोच-समझ के बंजर में तो काँटे भी मुरझाते हैं।

सारे नंगे लोग जा छिपे अँधियारे की खंदक में,
बात रोशनी की चलने पर भी कितने शरमाते हैं।

बात गुनाहों की निकली तो हमने यह देखा अक्सर,
झाँक-झाँककर इधर-उधर कुछ जैसे लोग छुपाते हैं।

घूमा करते हैं जीवन-भर निन्दा की कैंची लेकर,
क़द अपने से देख के छोटा लोग खुशी क्यों पाते हैं ?

: 18 :

धूप में भटकेंगे फिर घर आएँगे।
ज़िन्दगी है, कितने अवसर आएँगे।

आज उड़ने को तरसकर रह गए,
कल तो मासूमों के भी पर आएँगे।

भीड़ का कोई भरोसा क्या करें,
तालियों के साथ पत्थर आएँगे।

झूठ के पथ पर चला और फँस गया,
दिल न छोटा कर कि रहबर आएँगे।

खूबसूरत बेटी घर में हो अगर,
फ़ोन तो दो-चार निरुत्तर आएँगे।

इन्तज़ारों के सफर के साथियो,
और भी यादों के ऊसर आएँगे।

: 19 :

फूल के जैसी इनकी गाली है।
व्यक्ति सचमुच प्रभावशाली है।

कितने गुमसुम डरे हुए बैठे,
सबने उम्मीद मार डाली है।

ये खुशी मिल न पाएगी मुझको,
मेरी पत्नी नहीं, वो साली है।

ज़िन्दगी का सफर यहाँ रोको,
आपका यह टिकट ही जाली है।

क्यों घरौंदा बने कोई इस पर,
ज़िन्दगी अपनी टूटी डाली है।

इसको हर जुल्म करने का हक़ है,
क्योंकि इस बाग़ का वो माली है।

: 20 :

औरत की ज़िल्लत अगर आम होगी।
तो इज़्ज़त सभी ही की नीलाम होगी।

घरों से निकल के चले हैं मुसाफिर,
न जाने सफर में कहाँ शाम होगी।

कशिश उसकी इतनी ज़्यादा न होती,
ज़रूर कोई बस्ती वो बदनाम होगी।

जो गुजरी उधर से है बदहाल, तन्हा,
बिचारी वफ़ा कोई नाकाम होगी।

ज़मीरों के रोशन चराग़ों के आगे,
क्यों पहचान इन्साँ की गुमनाम होगी।

: 21 :

रिवाजों का कोई घराना हो जैसे।
जिये जा रहे हैं बहाना हो जैसे।

ये शून्यता स्वभाव में ढल गयी है,
हमेशा का अपना ठिकाना हो जैसे।

छुपाकर के आँसू वो फिर मुस्कुराये,
सफर ज़िन्दगी का सुहाना हो जैसे।

मजबूरियों के सिवा और क्या है ?
वचन कोई हमको निभाना हो जैसे।

ये क्या बात है कि हमें अपने घर में,
पीछे के दर से ही आना हो जैसे।

: 22 :

मस्तियों में पस्तियों की बात कर।
और मैली हस्तियों की बात कर।

सोच मत कितने हैं गहरे ये कुएँ,
इतनी छोटी रस्सियों की बात कर।

घर से निकली जो कमाने रोटियाँ,
और न लौटीं, लड़कियों की बात कर।

पाँव अपने जल गए तो क्या हुआ ?
यार, तपती धरतियों की बात कर।

रह रहे हैं रूखे रेगिस्तान में,
बाग़ हों तो तितलियों की बात कर।

प्राण जिनके अपने जल में जल गए,
उन तड़पती मछलियों की बात कर।

: 23 :

अश्क की सूरत निकाला जाएगा।
ग़म नहीं लगता, सँभाला जाएगा।

आ गया है गर बुलावा मौत का,
मुँह तलक भी क्यों निवाला जाएगा ?

तू जलाकर देख अश्क़ों की शमा,
दूर तक इसका उजाला जाएगा।

उस जगह शायद कोई सोता मिले,
प्यास को जिस जा उछाला जाएगा।

दोस्तों की दुश्मनी को देखकर,
अब लहू में ज़हर पाला जाएगा।

दर्द में तेरा तसव्वुर घोलकर,
इस ग़ज़ल को दोस्त, ढाला जाएगा।

'लक्ष्मण' की प्यार की ये ख्वाहिशें,
देखना घर से निकाला जाएगा।

: 24 :

बग़ावत न कर दे बदन, देख लेना।
अकेला हुआ है ये मन, देख लेना।

समझ जाओगे ज़िंदगानी का मतलब,
वो पतझड़, वो सूखा चमन देख लेना।

घड़ीभर ज़माने की ख़ुशियों को यारो,
ज़रा-सी उदासी पहन देख लेना।

मुहब्बत की राहों पे चलने से पहले,
वो उजड़े घरों के सहन देख लेना।

वो अहसास के लहलहाते बग़ीचे,
झुलस ही न डालें ज़हन, देख लेना।

बना देगा आख़िर तुझे सबके जैसा,
जमाने का ज़ालिम चलन, देख लेना।

चला जो वफ़ा के भरोसे अकेला,
तो मिट जाएगा 'लक्ष्मण' देख लेना।

: 25 :

तय उदासी का सफर कैसे करें !
अब नहीं होती बसर, कैसे करें !

सबसे कहकर दर्द दिल का दोस्तो,
ख़ाक हम अपना ही घर कैसे करें !

एक-दो दिन के सितम तो ठीक हैं,
पर गवारा उम्र-भर कैसे करें !

फूल सबको चाहिए थे, ले गए,
अब ये काँटे उनके सर कैसे करें !

आरजूएँ तर्क तो कर दें, मगर,
बस में अपने दिल-जिगर कैसे करें !

ज़ोर जब अपने पे भी चलता नहीं,
हम भरोसा आप पर कैसे करें !

जब नहीं दीदार की कोई उम्मीद,
इस नज़र को मोतबर कैसे करें !

इस तरफ तू जल्वा-फर्मा है अगर,
रुख़ नज़र का हम उधर कैसे करें !

'लक्ष्मण' भटकेगी तो मर जाएगी,
ज़िंदगी को दर-ब-दर कैसे करें !

: 26 :

उदासियों के हज़ारों मकाम आएँगे।
है इब्तिदा अभी कितने ही जाम आएँगे।

शरारे चन्द तबीयत में हों तो रहने दो,
सही समय पे तुम्हें ख़ूब काम आएँगे।

ज़रूर पास बुला लेंगे एक दिन मुझको,
उम्मीदवार हैं हम तो, पयाम आएँगे।

शिकार आदमी ही आदमी का करने लगे,
यहाँ पे आगे यही इन्तज़ाम आएँगे।

किया तबाह हमें किसने दोस्त, मत पूछो,
ज़ुबाँ पे अपने ही लोगों के नाम आएँगे।

सवाल है फ़क़त इतना ही कि पहले कौन चले,
जो चल पड़े तो कई क्या तमाम आएँगे !

किसी का कौन मुसीबत में साथ देता है,
दिखावा करने को दो-चार गाम आएँगे।

चला है राहे-वफ़ा पर बहुत सही ऐ दोस्त,
दुआ के साथ 'लखन' के सलाम आएँगे।

: 27 :

वही वही सभी किस्से, कहानियाँ, क्या है !
चलो कि लौट चलें फिर वहीं, यहाँ क्या है !

गरजते बादलों को देख बर्क के डर से,
गिरा के बैठ गए लोग, आशियाँ क्या है !

न कोई रंग, न खुश्बू, न तितलियाँ, न सबा,
बहार कैसी थी ये औ' ये गुलिस्ताँ क्या है।

उसी की याद या कशिश को जी रहे हो तुम,
नहीं तो उनसे ये पर्दा, ये दूरियाँ, क्या है !

मिलो या साथ में बैठो तो मुक्त हो जाओ,
दिमाग़ में ये सुब्हो-शाम लड़कियाँ क्या है !

जो चाहते हो ये रिश्ते टिकावदार बनें,
ज़रा-सा देखना रिश्तों के दरमियाँ क्या है !

कोई तो बात करो 'लक्ष्मण' लतीफतरीं,
मलाल, दर्द, उदासी का ही बयाँ क्या है !

: 28 :

अर्श पर अपना ख़ुदा रहने दो।
फर्श पर कुछ तो मज़ा रहने दो।

लौट आऊँगा तड़पकर खुद ही,
कुछ तो अपने से जुदा रहने दो।

आप अच्छे हैं, बहुत अच्छा है,
मैं बुरा, मुझको बुरा रहने दो।

काम की चीज़ है ये नाराज़ी,
मुझको थोड़ा-सा ख़फ़ा रहने दो।

टूटा-दिल हो कि हो उदास नज़र,
कोई तो उनका पता रहने दो।

उनकी साँसों में घुली, खुश्बू-सी,
मेरे कमरे में हवा रहने दो।

मान लूँगा मैं हर इक झूठ को सच,
रहने दो कुछ तो नशा रहने दो।

'लक्ष्मण' तुम पे लुटाऊँ सब क्यों,
मुझमें भी थोड़ी वफ़ा रहने दो।

: 29 :

उसे समझ सुख हम लेते हैं।
जभी जभी ग़म दम लेते हैं।

जितना दर्द मिला है हमको,
उस हिसाब से कम लेते हैं।

यारो, हम चाहत वाले हैं।
सर-आँखों पर ग़म लेते हैं।

हमको है कुछ और ही प्यारा,
गुल देकर शबनम लेते हैं।

कभी-कभी इस पेट की ख़ातिर,
हाँ, हम बेच शरम लेते हैं

भूल न जाएँ तुझे, इसलिए,
थोड़ी और मद्धम लेते हैं।

जब भी अश्क़ गिरे आँखों से,
'लक्ष्मण' थाम कलम लेते हैं।

: 30 :

हर लम्हा पासबाँ है ज्यों मौत ज़िंदगी का।
रखता है ज़िंदा हमको एहसास ये कमी का।

मिटना ही इश्क़ में है मक़सद इसीलिए तो,
हम हो गए उसी के जो है नहीं किसी का।

हमको कहाँ ख़बर है किस देस जा रहा है,
अश्क़ों का बोझ लादे यह काफ़िला हँसी का।

आँखों का नूर ग़ायब, दिल का सुरूर भी गुम,
यह आदमी है यारो इक्कीसवीं सदी का।

फिर क्या हुआ, ये कैसा मायूस हो उठा दिल,
भूले हुए थे वरना हम तो उन्हें कभी का।

कुछ भी नहीं है उसका सबकुछ लुटा चुका है,
अब क्या बताएँ यारो वो दोस्त था सभी का।

नाची जहाँ भी मीरा सब गीत हैं वहीं पर,
होगा वहीं कहीं पर दीवान शाय्री का।

मैं सोचता हूँ अक्सर धोखा दिया है जिसने,
क्यों कर लिया भरोसा फिर ऐसे आदमी का।

फिर दे गई है मुझको सपने हसीन 'लछमन',
इस आस ने हमें तो छोड़ा नहीं कहीं का।

: 31 :

ज़िंदगी जब सामने लाई गई।
इक कली मसली हुई पाई गई।

खोज जब से बंद करवाई गई।
अपने भीतर हर खुशी पाई गई।

रात-भर इक पंछी मँडराया वहाँ,
कल जहाँ थी चीख़ दफ़नाई गई।

आज उस इंसाफ़ के इजलास में,
आस ही अपराध ठहराई गई।

कितनी आसानी से पहली मारकर,
दूसरी दुल्हन वहाँ लाई गई।

दिल हुआ है ख्वाहिशों का इक हुजूम,
छोड़कर जब मुझको तन्हाई गई।

रोशनी में दाग़ ज़ाहिर हो उठे,
रोशनी ही बंद करवाई गई !

'लक्ष्मण' के मुस्कुराते दर्द की,
खूब ही तस्वीर खिंचवाई गई।

: 32 :

प्यार का दिलकश सहारा था कभी।
दर्द हर कोई गवारा था कभी।

भूख के कारण हुआ है क़त्ल ये,
वरना सच हमको भी प्यारा था कभी।

आनेवाले कल के जैसा है नसीब,
वो कहाँ यारो, हमारा था कभी !

सैकड़ों डूबे बिचारे उस जगह,
सुन रखा था जो किनारा था कभी।

हम उसे अब राख में ढूँढ़ें कहाँ,
हौसलों में जो शरारा था कभी।

बन गया है हसरतों की क़त्लगाह,
ख़ूबसूरत जो नज़ारा था कभी।

'लक्ष्मण' सुनते हैं शायर बन गया,
आदमी अच्छा बिचारा था कभी।

: 33 :

सूनी-सूनी उजड़ी रातें।
लाईं यादों की सौग़ातें।

चैन की चरखी टूट गई है,
सूत उमर का कैसे कातें।

कैसी कूद लगाई हमने,
भूल गए अपनी औकातें।

जब भी हमने मन की मानी,
खाई हैं लातें ही लातें।

सींच दिया है मेरा दिल तक,
देखो सावन की ख़ैरातें।

आज खुशी के दर से देखा,
फिर लौटीं ग़म की बारातें।

काश ! कभी मिल पाये होते,
मेरे सपने तेरी रातें।

'लक्ष्मण' तेरे शेर हैं गोया,
सूखी धरती पर बरसातें।

: 34 :

बुझ गई है रोशनी।
रात भी है काटनी।

स्वप्न सारे सो गए,
लो, बिछाकर चाँदनी।

नग्न लज्जा का शरीर,
औ' फटी-सी ओढ़नी।

गूँज मेरे शब्द की,
ख़स्ता घर की छत बनी।

क्या करें कि फिर उदासी,
हो उठी है अनमनी।

दोस्त आए छोड़ने,
नाव थी जो डूबनी।

छाँव भी चल दी कहीं,
रात जब देखी घनी।

: 35 :

करने लगी हैं दिल में तन्हाइयाँ बसेरा।
अब ओढ़कर उदासी आया मेरा सवेरा।

मेरे पास आ के इतना बैठा क़रीब जो है,
लगता है कुछ कहेगा मुझसे सभी अँधेरा।

ये बेबसी के मंज़र अब देखिए तो क्योंकर,
ख़ामोशियों की पीड़ा दम घोंट दे न मेरा।

साँपों को अपने बस में करता रहा है लेकिन,
रस्सी से डर गया है लो, पेशेवर सपेरा।

बाहर के फ़िक्र फ़ाके घर में कभी न लाना,
डरता हूँ एक दिन ये घर खो न जाए मेरा।

जिनको क़दम-क़दम पे दरकार रहनुमाई,
लाए वो घर जिसे भी निकला वही लुटेरा।

इस आदमी के टूटे और पस्त हौसलों को,
'लक्ष्मण' तेरी ग़ज़ल की इक गूँज ने है घेरा।

: 36 :

ऐसा भी ज़िंदगानी में इक हादसा हुआ।
सबं कुछ लुटा के मुझको बहुत फ़ायदा हुआ।

घर मेरा जिसने फूँक के बस ख़ाक कर दिया,
मासूम बनके पूछा है ज़ालिम ने, 'क्या हुआ'।

बेदार कर गईं मेरी ख़ुद्दारियाँ मुझे,
उभरा हरेक ज़ख़्म जिगर में छुपा हुआ।

घुट-घुट के दी गुज़ार अँधेरों में सारी रातें,
रोशन चराग़ सुबह को लाए तो क्या हुआ !

हर इक क़दम सफल है वो दुनिया में आजकल,
शायद कि कारगर उसे कोई नशा हुआ।

मुश्किल हैं उसको मिलनी ज़माने की राहतें,
जो आदमी उदासियों का है डसा हुआ।

एहसास हो तो ठीक, वरना ये भी जुर्म हैं,
रिश्ते निबाहते हुए किसका भला हुआ।

जिसने जनम से देखी नहीं है वफ़ा की शक्ल,
कैसे कहें कि आदमी वो बेवफ़ा हुआ।

जब उसके दिल में मेरे लिए प्यार ही नहीं,
किस हक़ से मुझपे आज वो इतना ख़फ़ा हुआ।

सोने दो मुझको ओढ़ के दिन-रात शायरी,
क्या कहिये मेरे साथ कैसा वाक़या हुआ।

: 37 :

मूक अनुभव बात करना चाहता।
ठहरा पानी आज चलना चाहता।

जल में देखा आस्माँ का उसने अक़्स,
झील में पंखी है उड़ना चाहता।

थक गया है उम्र भर सोया हुआ,
रास्ता अब है भटकना चाहता।

दर्द जमकर एक पत्थर बन गया,
टुकड़े होकर अब बिखरना चाहता।

कैसे काटें ख़्वाहिशों की उम्र-क़ैद,
बाग़ी मन इक दिन निकलना चाहता।

ज़ीस्त है जैसे कोई झूठा बयाँ,
आदमी जिसको बदलना चाहता।

कौन-सी पायी नहीं उसने ख़ुशी,
जिसके कारण वो है मरना चाहता।

सीने में आकाश मचला जाए है,
यह हिमालय अब पिघलना चाहता।

हम ज़रा-सा भी नहीं हैराँ हुए,
क्षण सदी को है निगलना चाहता।

मार डालेगा तुझे 'लक्ष्मण' ये ग़म,
आज करने दो जो करना चाहता।

: 38 :

एक जल कण इस नदी को पी गया।
और क्षण पूरी सदी को पी गया।

बह गए जब याद की मँझधार में,
मेरा ग़म मेरी खुशी को पी गया।

कौन कहता है पिया मैंने नशा,
यह नशा ही ज़िंदगी को पी गया।

वक़्त ने पहले दिखाए ख़्वाब-से,
बाद में वह आदमी को पी गया।

किस क़दर, वहशी हुआ अपना शहर,
हर नशेमन, हर गली को पी गया।

मुझपे खुद्दारी की मस्ती यों चढ़ी,
बेखुदी में बेखुदी को पी गया।

बाद में खुशियों के मैंने पाया ग़म,
चाव से उस ताज़गी को पी गया।

एहसास का होता गया ज्यों-ज्यों असर,
सोच की बेचारगी को पी गया।

पी गया है 'लक्ष्मण' देसी शराब,
या ग़ज़ल की रोशनी को पी गया।

: 39 :

और भी करते नशा, लेकिन नहीं।
ज़िंदगी में वो मज़ा लेकिन नहीं।

प्यार, रंजिश कुछ भी हो, हो तो सही,
आज वो मुझसे ख़फ़ा लेकिन नहीं।

ढूँढ़ लाते हम खुशी सबके लिए,
हो अगर उसका पता, लेकिन नहीं।

ख्वाहिशें हैं इब्तिदा ही इब्तिदा,
इस डगर की इन्तिहा लेकिन नहीं।

चैन तुझको भी मिला होता ज़रूर,
तू हुआ है बेमज़ा लेकिन कहीं।

खोल तो बैठे दुकाने-दिलबरी,
इसमें कोई फ़ायदा लेकिन नहीं।

होते दुश्मन आप तो क्या ख़ूब था,
दोस्त कोई आप-सा लेकिन नहीं।

ज़िंदगी की क़ैद क्या कम है सज़ा,
और भी देते सज़ा लेकिन नहीं।

सर झुकाए है खड़ा आठों पहर,
माँगता 'लक्ष्मण' दुआ लेकिन नहीं।

: 40 :

फ़िराक़े-दोस्त में लाज़िम दिले-नाशाद का रोना।
ग़ज़ल के वास्ते जैसे किसी की याद का होना।

ये राहें, रोशनी, मंज़िल सभी कुछ है मगर फिर भी,
अगर कुछ शेष है तो बस किसी उन्माद का होना।

दिलों में फूट हो या हो कोई गहरी ग़लतफ़हमी,
हमारे काम आएगा किसी संवाद का होना।

ये ललचाते हुए दाने या बिन माँगी मेहरबानी,
हमें शक है छुपे बैठे किसी सय्याद का होना।

जो जीवन है, सुनो यारो, अभी ही है, यहीं पर है,
सभी कुछ छीन लेता है वो अब के बाद का होना।

ये होना आदमी का, आरज़ू का पेड़ है गोया,
हज़ारों रंग ले आता है आशावाद का होना।

कोई तो बात हो जो आदमी को बेज़ुबाँ कर दे,
ज़रूरी तो नहीं हर शेर पर यों दाद का होना।

रगों में बह रही 'लछमन' अगर उसकी मेहरबानी,
ये क्या है फिर तेरे दिल में किसी फरियाद का होना ?

: 41 :

जितने खुश दिखते हैं उतने रीते हैं बेचारे लोग।
मुस्कानों के पहन मुखौटे जीते हैं बेचारे लोग।

एक बार जो ज़हर पिया तो नीलकंठ कहलाया था,
उनको क्या कहिए जो निशिदिन पीते हैं बेचारे लोग।

रिश्तों के इस बियाबान में, हमने जलते देखे हैं,
झुलस-झुलसकर भी अपने लब सीते हैं बेचारे लोग।

इन्हें आज और आने वाले कल से क्या मतलब यारो,
पिछले कल की यादों में ही बीते हैं बेचारे लोग।

एक नशेमन छोटा-सा हासिल इनको क्या हुआ 'लखन',
अब बिजली के डर को लेकर जीते हैं बेचारे लोग।

: 42 :

ये अश्क़ रहबरी में रस्ता दिखाने पहुँचे।
हारे हुए थे राही अपने ठिकाने पहुँचे।

कूचे में जिनके कल हम बेआबरू हुए थे,
फिर आज हम वहीं पर करके बहाने पहुँचे।

हालात का भँवर तो ज़ोरों पे आ चुका था,
हम भी नसीब अपना क्या आज़माने पहुँचे।

उनकी निगाहें मेरे चेहरे पे लिख गईं कुछ,
कोई हसीं तसव्वुर मतलब बताने पहुँचे।

नज़रें तरस गईं और महफ़िल में वो न आए,
मेरे लबों तक उड़ते उनके फ़साने पहुँचे।

इक याद ने हमारे फिर ज़ख़्म छू लिए हैं,
मायूसियों के घर में गुज़रे ज़माने पहुँचे।

रिश्तों का नर्म नाज़ुक रेशम उलझ गया जब,
सुलझाने उसको अपने जज़्बे पुराने पहुँचे।

इस तरफ फिर पलटकर देखा है तुमने शायद,
क्यों वरना घाव दिल के हमको सताने पहुँचे।

'लक्ष्मण' के शेर सुनकर महसूस हो रहा है,
दुःख के फ़साने लौटे, सुख के तराने पहुँचे।

: 43 :

जितनी भी ख़्वाहिशें हैं कर लो शुमार यारो।
मरना पड़ेगा तुमको अब बार-बार यारो।

हर शहर, हर गली में जाकर कहेंगे सबसे,
फूलों के नाम पर है धोखा ये प्यार यारो

पीने के बाद शायद इतना नशा न होगा,
पीने के पहले देखा जितना खुमार यारो।

हर रोज़ का ये मरना आसान हो ही जाता,
आएगा हमको लेकिन कब एतबार यारो।

रहने दो इनमें थोड़ी नादानियों की खुश्बू,
बनने ही हैं ये बच्चे कल होशियार यारो।

घुट-घुट के यों न मरते यादों की क़ैद में हम,
होता जो दिल पे अपने कुछ अख़्तियार यारो।

खूश्बू की बारिशों में भीगेंगे चलो, लोगो,
मेरे नाम ये हवाएँ लाईं बहार यारो।

दर पे खुदा के मुजरिम मायूस-से खड़े हैं,
देखी जो फरिश्तों की लम्बी क़तार यारो।

दौलत को याद तेरी रखें न रखें 'लछमन',
ये शायरी रहेगी इक यादगार यारो।

: 44 :

बहुत मुश्किल है कोई जानकर अनजान हो जाए।
मज़ा हो, ज्ञान ही आँगन का रोशनदान हो जाए।

किसी की बेवफ़ाई पर तुम्हारी याद आई है,
ये अच्छा हो कि दुनिया दर्द का सामान हो जाए।

हुई है ज़िंदगी मुश्किल गुमानो-ख़ौफ़ के कारण,
यक़ीं हो तो हमारी मौत भी आसान हो जाए।

भटकना बंद हो जाए उजालों में अगर, यारो,
घड़ी-भर के लिए भी मन अगर नादान हो जाए।

ये आशा नाम की नागन जिसे डस ले वो जीता है,
किसी दिन काश आशा से बरी इन्सान हो जाए।

कहाँ मालूम था हमको उदासी भी कोई पथ है,
मिले मंज़िल हमें शायद जो दिल वीरान हो जाए।

फ़क़त इन्सानियत का ही बनेगा इक नया मज़हब,
ज़माने में मुहब्बत ही अगर ईमान हो जाए।

मुक़ाबिल ज़ुल्म के 'लक्ष्मण' हमारी इस बग़ावत का,
ग़ज़ल के ही बहाने से चलो, ऐलान हो जाए।

: 45 :

हँसते हुए ही ग़म को सदा सह लिया करें।
जब तक रहें ये अश्क़ ग़ज़ल कह लिया करें।

उम्मीद के गुलाम, ख़यालो मकान में,
अफ़सोस ओढ़ कर के ही बस रह लिया करें।

होती हैं जैसे रेत पे सागर की शोरिशें,
बन-बन के आरज़ू की तरह ढह लिया करें।

मिलती रही है कब यहाँ सागर से हर नदी,
तक़दीर में बहना ही है तो बह लिया करें।

बनना ज़ुबान दर्द की शायर का काम है,
कोई न जो कहे वो 'लखन' कह लिया करें।

: 46 :

बिछा के दर्द जो सोये तो रात भर सोये।
वो वक़्त आ ही गया जब कि हम निडर सोये।

बुझा दिये वो दिये सारे हमने चाहत के,
है इन्तिज़ार बस इतना कि अब नज़र सोये।

लहू लुहान, थकी, पस्त आरजू है ये,
इसे जो सोती है, सोने दो, उम्र-भर सोये।

मज़ार कौन सिकंदर का ढूँढ़ते हो तुम,
यहाँ पे लाखों सिकंदर हैं राख पर सोये।

ज़मीर जब भी कभी हमने दोस्त बेचा है,
लगा है जैसे कि काँटों पे रातभर सोये।

उसे भी डाल दो थोड़े से टुकड़े हसरत के,
तभी तो होगा कि इंसाँ का जानवर सोये।

जहाँ पे दफ़न हुए हैं ग़रीब के आँसू,
वहाँ पे देखना तूफ़ान और भँवर सोये।

मिला था फूल-सा इक शख़्स कल हमें 'लक्ष्मण',
उसी की याद की मदमस्त सेज पर सोये।

: 47 :

कहीं भी दिल नहीं लगता तो बहलाने कहाँ जाएँ।
तमन्नाएँ हुईं बे-घर सुकूँ पाने कहाँ जाएँ।

हमें हरेक रिश्ते ने पिलाए ख़ून के आँसू,
तुम्हीं बोलो कि अब ये हाथ फैलाने कहाँ जाएँ।

शहर में खुद शहर वाले अगर बे-घर भटकते हैं,
बिचारे ये मुसाफ़िर लोग अनजाने कहाँ जाएँ।

न वो साकी, न वो साग़र, न वो मख़मूर नज़रें हैं,
अजायबघर बने बैठे ये मैख़ाने, कहाँ जाएँ।

समझ और सोचवालों की ग़रज़मंदों की दुनिया में,
दिलों के राज़दाँ बेगाने, दीवाने कहाँ जाएँ।

हमारे ख़्वाब का खाता कहाँ और कैसे खुलता है,
तमन्ना ने दिये हैं चेक भुनवाने कहाँ जाएँ।

सुब्ह के साथ जो जागे ग़रीबों की निग़ाहों में,
तरसती आस के वो खुश्क वीराने कहाँ जाएँ।

भरे बाज़ार में ईमानदारी लुट रही हो जब,
तो नीयत और वफ़ादारी के पैमाने कहाँ जाएँ।

जहाँ हों लोग पहले से ग़मों में मुब्तिला बैठे,
वहाँ 'लक्ष्मण' उदासी के ये अफ़साने कहाँ जाएँ।

: 48 :

उपजाऊ और जितनी फलदायिनी धरा है।
उसके दुःखों की उतनी लम्बी परम्परा है।

उपकार है तुम्हारा दुःख देके जानेवालो,
इन आँसुओं से दिल का उपवन हरा-भरा है।

सबकी है अपनी-अपनी ये प्रीत, भक्ति, पूजा,
मंदिर में जन तो वन में ये मोर बावरा है।

सागर की क्या ज़रूरत, इक घूँट चाहे प्यासा,
कहते हैं डूबते को तिनके का आसरा है।

इस आदमी को कोई अब रंजो-ग़म नहीं है,
देखो तो इसके दिल का यह कैसा माजरा है।

मुद्दत से उसके घर के दरवाज़े बंद देखे,
कोई तो देख आओ, ज़िंदा है या मरा है।

घायल परिंदा खुद ही उड़ जाएगा गगन में,
कुछ हौसला बँधाओ, काफ़ी डरा-डरा है।

पूरे शहर में वो जो टूटा हुआ, तन्हा है,
उसका ये दोष है कि वो आदमी खरा है।

इस पर बात पर भी सोचो, ऐ मातृभूमि वालो,
कंगाल बन गई क्यों अपनी वसुन्धरा है ?

: 49 :

कहीं से आए तो आए बुरी ख़बर कुछ भी।
हमारे दिल पे तो होता नहीं असर कुछ भी।

किताबें पढ़के हुए इल्म से बड़े मख़मूर,
लगा कि जान के जाना नहीं मगर कुछ भी।

तुम्हारी आँख में मंज़िल का नशा है ऐ दोस्त,
हमें तो दूर तक आता नहीं नज़र कुछ भी।

हमारे घर से तमन्ना हुई विदा जबसे,
न कोई फ़िक्र है दिल में नहीं है डर कुछ भी।

खुदारा चैन से रहने दे नर्क ही में हमें,
कि स्वर्ग की तो नहीं है हमें ख़बर कुछ भी।

निकल के आँख से रफ़्तार अश्क़ की देखो,
बहे जो ये तो नदी का नहीं सफर कुछ भी।

हुआ था कल जो यहाँ 'लक्ष्मण' भुला देना,
असर न लेना कभी अपनी जान पर कुछ भी।

: 50 :

कल फ़क़त था नज़र में सन्नाटा।
आज है सारे घर में सन्नाटा।

शोर करने लगा है क्यों इतना,
दिन के पिछले पहर में सन्नाटा।

रोज़ इक प्रश्न कौंध जाता है,
गूँजता है उत्तर में सन्नाटा।

कोई दुर्घटना ढूँढ़ने आया,
आज मेरे शहर में सन्नाटा।

बो गया इक अजब-सी मायूसी,
आज की इस सहर में सन्नाटा।

देखता रहता है वो जाने क्या,
छुपके दीवारो-दर में सन्नाटा।

कोई इक याद पुरानी 'लक्ष्मण',
बन उठी है जिगर में सन्नाटा।

: 51 :

मौत यह जीते रहें आदत नहीं।
मरके जाएँ स्वर्ग में जुर्रत नहीं।

क्या करोगे जाके उस महफ़िल में तुम,
यार, जिसमें एक भी औरत नहीं।

हम भी काफी हद तलक महरूम थे,
रो दिए होते मगर फुर्सत नहीं।

फासलों का फ़न नहीं जो जानता,
शख़्स वो पाता कभी कुर्बत नहीं।

जो ज़माने पे बहुत नाराज़ है,
देखता अपनी कभी हालत नहीं।

हो तो हो तदबीर का नक़्शा कोई,
हाथ में किसके मगर किस्मत नहीं।

शुक्र है ये शहर की तहज़ीब का,
गाँव में पहुँचा कोई भी ख़त नहीं।

जानते हैं सब कि सच, सच है मगर
मोल लेता है कोई आफत नहीं।

क्यों अचानक यों तुझे 'लक्ष्मण' लगा,
अब ये बदलेगी कभी सूरत नहीं।

: 52 :

पूछा है तुमने यारो क्यों लब सिये हुए हैं।
अब क्या बताएँ कितने विष हम पिए हुए हैं।

कह दे अजल से कोई रुक जाए वो वहीं पर,
हमने यहाँ किसी से वादे किए हुए हैं।

मज़हब नहीं सिखाता सचमुच जो बैर रखना,
इतने फ़िसाद-झगड़े फिर किस लिए हुए हैं ?

हालत जो उनकी देखी कुछ कोफ़्त-सी हुई है,
ये लोग सोचता हूँ कैसे जिये हुए हैं।

जैसी बनाई हमने वैसी ही ज़िंदगी है,
सुख-दुःख ये सारे हमको हमने दिये हुए हैं।

जाने था कैसा नाता मेरी ग़ज़ल से मेरा,
मशहूर बढ़के मुझसे तो हाशिये हुए हैं।

तेरे ख़याल में मैं खोया हूँ इस तरह कुछ,
गीतों में जैसे मेरे ये काफिये हुए हैं।

क्यों बारहा उदासी यों उनको छू गई है ?
'लक्ष्मण' के शेर शायद दिल पर लिए हुए हैं।

: 53 :

अच्छा हुआ कि सायों की इनायत नहीं रही।
अपनी भी बोझ ढोने की आदत नहीं रही।

जब तर्क हमने कर दिया उम्मीद का ख़याल,
दिल में हमारे कोई शिकायत नहीं रही।

वो लोग भला अपने घरों को सजाएँ क्यों ?
जिनके दिलों में प्यार की शिद्दत नहीं रही।

चलते रहे मिलाके क़दम हम ज़मीर से,
नीयत में अपनी कोई बग़ावत नहीं रही।

बीमार कर गया है बहारों का इन्तज़ार,
फूलों के वास्ते भी मुहब्बत नहीं रही।

अच्छा किया कि तोड़ दिया तुमने आईना,
सच से मुक़ाबिले की मुसीबत नहीं रही।

बैठे हैं बच्चे माथे पे डाले हुए शिकन,
इनकी नज़र में क्यों कोई हैरत नहीं रही।

मजबूरियों के ज़हर पिये बैठे हैं सभी,
बस में किसी के आज हक़ीक़त नहीं रही।

जब बहरो-वज़न में न रहे हों ग़ज़ल के शेर,
ज़ाहिर है, शायरी में सलासत नहीं रही।

: 54 :

देखिये, यों तो यहाँ पर क्या नहीं।
एक भी पर शख़्स अपना-सा नहीं।

सोचने पर सोचते रह जाएँ हम,
और बीते एक भी लम्हा नहीं।

इस मुसीबत से तो मरना है भला,
वक़्त मरने का मगर मिलता नहीं।

साँस की डोरी में अटकी मछलियाँ,
देखते रहना, ख़ुदा, अच्छा नहीं।

ख़्वाहिशें भी साथ हैं, अरमान भी,
दोस्त, मैं तेरी तरह तन्हा नहीं।

क्यों न भर लेंगे मुझे आग़ोश में,
मैं कोई मतलब-ज़दा सज्दा नहीं।

आ गईं लेने हमें तन्हाइयाँ,
अब हमारा दिल यहाँ लगता नहीं।

कैसे होगी बंदगी अब इस जगह,
सब ख़ुदा हैं, एक भी बंदा नहीं।

मौत-की-सी हैं यहाँ ख़ामोशियाँ,
कोई ज़िंदा ही नहीं, ऐसा नहीं।

‘लक्ष्मण’ सबकुछ गुज़रता देखकर,
सोचता हूँ, मैं यहाँ हूँ या नहीं।

: 55 :

प्यास से पागल जमीं भी थी नहीं।
और बारिश भी यहाँ बरसी नहीं।

देखना मत सूर्य को नज़दीक से,
हद से ज़्यादा रोशनी अच्छी नहीं।

जब तलक भटकी नहीं चौरासियाँ,
कामना है, मित्र, ये मरती नहीं।

स्वर्ग के लालच के दामों पर बिके,
मौत, लोगो इस क़दर सस्ती नहीं।

तुम उठा लाए हज़ारों युक्तियाँ,
जिसके आगे एक भी चलती नहीं।

कोई महफ़िल, कोई रौनक़, कोई बज़्म,
दूर तक कोई शमा जलती नहीं।

दर्द होगा, रोएगा, पछताएगा,
मेरा दिल है, यह कोई धरती नहीं।

रुक गई है राह में किसके लिए,
'लक्ष्मण' की उम्र क्यों ढलती नहीं।

: 56 :

कह तो दें, जाने उन्हें कैसा लगे।
इसलिए कुछ बोलते डर-सा लगे।

देख लूँ जी-भर जुदा होते उसे,
जाने फिर वो बाद में कैसा लगे।

अपने से ही हम बिछड़ने लग पड़ें,
कोई इतना भी नहीं अच्छा लगे।

जिसको माना था ज़माने से अलग,
क्या करें वो भी अगर वैसा लगे।

साथ उसके जी रहे हैं रात-दिन,
जिसका इक-इक शब्द पत्थर-सा लगे।

प्रश्न बन जाए अगर मेरा वजूद,
मौन ही फिर क्यों न उत्तर-सा लगे।

क्या ग़ज़ब की बात है ये दोस्तो,
सच कहे जब आदमी बच्चा लगे।

इस तरह अड़ना किसी सच बात पर,
उनकी नादानी नहीं तो क्या लगे !

वक़्त इतना ही अगर दिलचस्प हो,
क्यों न 'लक्ष्मण' दिल यहाँ अपना लगे।

: 57 :

प्यास यों फैली कि इक दरिया हुआ।
मेरा मिटना ही नया रस्ता हुआ।

छीनकर हमसे हमारा घर, मकान,
पूछते हैं लोग, अरे ये क्या हुआ ?

फड़फड़ाकर पर परिन्दा उड़ गया,
लम्हा-भर इक शोर-सा बरपा हुआ।

आपको देखा, तो देखा ही किया,
आज कोई तो मेरा अपना हुआ।

यों समझ, कोई बड़ी आफ़त टली,
ग़म न कर, जो कुछ हुआ अच्छा हुआ।

ऐसी बातें क्यों हमें प्यारी लगें,
जिनके आगे भरम का पर्दा हुआ।

मौन के साग़र से रस पीते हुए,
हमने देखा वक़्त भी ठहरा हुआ।

कामनाओं के भयंकर शोर से,
यह अँधेरा और भी गहरा हुआ।

पास तू ही तू रहा था हर घड़ी,
'लक्ष्मण' जब भी कभी तन्हा हुआ।

: 58 :

मेरी आँखों में और क्या पाया ?
याद का दीप ही जला पाया।

मज़हबों के सुलगते मलवों में,
एक बिखरा हुआ ख़ुदा पाया।

ख़्वाहिशों के मज़ार पर रोता,
हमने हर शख़्स बेमज़ा पाया।

ग़म से हारे बुझे-बुझे दिल को,
ढूँढ़ता एक हादसा पायां।

आपकी इन उदास आँखों में,
अपने घर का-सा कुछ पता पाया।

आ गई याद फिर तेरी शायद,
बेसबब दिल ख़फ़ा-ख़फ़ा पाया।

जब बुराई पे डाली मैंने नज़र,
खुद को सबसे अधिक बुरा पाया।

तेरी बातों से 'लक्ष्मण' हमने,
होश देता हुआ नशा पाया।

: 59 :

उदास उदास-सी है, आँच है, खुशी क्या है।
जो जलके राख न होगा, वो आदमी क्या है।

हो आदमी की किसी नूर से नज़र रोशन,
ज़मीं पे उतरी कोई हूर या परी क्या है ?

ये भूख और यही भूख सब कराती है,
ये सारे झूठ के धंधे, ये नौकरी क्या है।

वो कौन है जो हमें हर क़दम पर देखे है,
वो दोस्त-सा कोई हमारा, अजनबी क्या है ?

भरोसा कर तो लिया हमने यार, फिर तुझ पर,
खुदा ही जाने अब इसमें सलामती क्या है !

न कोई जज़्बा, न फ़रियाद और न अश्क कोई,
मैं सोचता हूँ ये ग़मग़ीन आदमी क्या है !

बता, या आँख से आँसू बना के टपका दे,
तेरी ख़ामोशी में वो बात अनकही क्या है ?

उदास लम्हों में लिपटे ये शेर 'लक्ष्मण' के,
तुम्हें भुलाने की कोशिश है, शायरी क्या है !

: 60 :

कम-ज़्यादा ही सही, हो तो सही।
आग सीने में लगी हो तो सही।

क्यों न बरसेगी तड़पकर ये घटा,
ये ज़मीं सूखी पड़ी हो तो सही।

फाड़ डाला चेक़ तो ख़्वाहिश ने ज़रूर,
अपने ख़ाते में ख़ुशी हो तो सही।

ज़ीस्त है सैलाब छलकेगा, मगर,
दिल में थोड़ी-सी कमी हो तो सही।

दर्द का नील कमल महकेगा पर,
आँसुओं में कुछ तरी हो तो सही।

अजनबी है मुल्क, अब जाएँ कहाँ ?
कोई अपनी-सी गली हो तो सही।

आप ही आ जाएगा खुद पर यक़ीन,
रात आशा की ढली हो तो सही।

टूट जाएगी ख़ामोशी एक दिन,
बात करने की रही हो तो सही।

'लक्ष्मण' दिल को सुकूँ मिल जाएगा,
ग़मज़दा तू भी कभी हो तो सही।

: 61 :

कोई मौक़ा ही नहीं इज़्हार का।
क्या कहें अब अनकहे अशआर का।

जब नहीं अपनी कोई मर्ज़ी चली,
हक़ कहाँ हमको रहा इन्कार का।

अब नहीं वो इश्क़, वो दीवानगी,
वक़्त किसको है यहाँ अब प्यार क़ा।

जब दिलों में ही कोई कुर्बत नहीं,
दोष क्या है फिर किसी दीवार का ?

कैसे मूरख हैं कि इक हरजाई से,
चाहते हैं प्यार पहली बार का।

रूप, रंगत और जवानी ढल चुके,
शौक अब भी है वो ही दीदार का।

जीतकर भी आप तो नाखुश रहे,
और मज़ा लूटा है हमने हार का।

घर सलामत क्यों रहेगा अब कोई,
दोस्त है अब चोर चौकीदार का।

आओ ढूँढ़ें हम क़लम की ताक़तें,
वक़्त 'लक्ष्मण' अब कहाँ तलवार का।

: 62 :

दिल को दिलकश से ख़यालों से सजाया जाए।
और कुछ ऐसे सुकूँ हमसे भी पाया जाए।

भूख थी ज़ेरे-बहस और हुआ हंगामा,
मुद्दआ क्यों न अब मज़हब का उठाया जाए।

हमसे ये तल्ख़ हक़ीक़त नहीं देखी जाती,
शक का पर्दा ही कोई यार गिराया जाए।

ये बहकी चाल, नशा और बेहया नज़रें,
काश ! शर्मिन्दगी का रिश्ता निभाया जाए।

सड़ा हुआ है सभ्यता का पुराना ढाँचा,
इसकी बुनियाद को ही क्यों न हिलाया जाए।

रुकना औरों के लिए खुद से जुदा कर देगा,
चलिये, अब जश्ने-सफ़र तन्हा मनाया जाए।

जिस्म से दिल को हटाकर के बना दो पत्थर,
फिर उसे शौक से भगवान बनाया जाए।

क़द्र कोई न जहाँ पर हो दर्द की 'लक्ष्मण',
धूल में अश्क का मोती न मिलाया जाए।

: 63 :

कुछ ज़र्द-ज़र्द मेरी उम्मीदों के ये किले।
सहरा में जैसे साँसों के बेजान काफिले।

लैला को कैस का हो या राधा को श्याम का,
दीवानगी का कोई बहाना कहीं मिले।

होठों पे जब कभी तेरे आ जाए मेरा नाम,
चेहरा हो लाल सुर्ख़ कली की तरह खिले।

ख़ामोश नज़रों ने ही किया है जुबाँ का काम,
मजबूरियों में होंठ मेरे जब कभी सिले।

अहसास का महल जो खड़ा हो तो किस तरह,
जब आदमी के शौक़ की बुनियाद ही मिले।

अश्क़ों को ढालने के लिए दर्द चाहिए,
चलते रहेंगे यों ही ख़यालों के सिलसिले।

करके दिखा दीं हमने हज़ारों शरारतें,
करते कहाँ हैं लोग मगर शिकवे और गिले।

: 64 :

जुदा आपसे क्या ज़रा-सा हुआ।
ग़ज़ल जैसा कुछ वाक़िया-सा हुआ।

घमासान युद्ध ज्यों कोई रुक गया,
तेरे प्यार से मैं रिहा क्या हुआ।

हक़ीक़त तो कोई नहीं जानता,
कशिश का सबब सिर्फ़ पर्दा हुआ।

सुकूँ सूँघता है महकती ज़मीं,
जहाँ रात ख़ल्वत का जलसा हुआ।

लो निकला मेरा दोस्त वो बेवफ़ा,
चलो, ख़त्म और एक किस्सा हुआ।

किताबों में तेरी ही सूरत दिखी,
और जीवन हमारा मदरसा हुआ।

लुटेरा दुःखी है मुझे लूटकर,
मुझे चैन से देख सोया हुआ।

बड़े चैन से मर गया 'लक्ष्मण',
शुरू में ज़रा-सा, नशा-सा हुआ।

: 65 :

मुसीबत है करें क्या हम बनी हैं ज़िंदगी यादें।
मुझी से छीन लेती हैं मेरी मौजूदगी यादें।

कभी आता नहीं मैं लौटकर तेरे शहर में दोस्त,
मुझे फिर खींच लाई हैं लड़कपन की मेरी यादें।

हक़ीक़त के महल में मैं सदा मायूस रहता हूँ,
मगर पूरा किया करती हैं ये सारी कमी यादें।

अचानक रात में उठकर तेरे ख़त देखता हूँ जब,
बहा करती हैं आँखों से वो तेरी अश्क़-सी यादें।

मेरे टूटे हुए दिल का भयानक दर्द जब देखा,
मेरी मासूम तन्हाई बुलाकर दे गई यादें।

मुझे शक है नहीं जीता यहाँ पर ज़िंदगी कोई,
सुबह और शाम बैठे हैं बने सब बेबसी, यादें।

कोई तरकीब बतलाए कि इनको पढ़ लिया जाए,
मुझे लगती रही हैं कुछ अजब तहरीर-सी यादें।

निराशा और उदासी का सफ़र है ज़िंदगी अपनी,
हमेशा हमसफ़र अपने, कभी सपने, कभी यादें।

ग़मों के इन अँधेरों की कोई तो इन्तिहा होगी,
कहाँ तक चल सकेगा ओढ़कर यह आदमी यादें।

ख़िज़ाँ थी और मैं उस बाग़ में मायूस बैठा था,
अचानक दे गईं दिल को मधुर-सी ताज़गी यादें।

ख़यालों ही ख़यालों में क्यों 'लछमन' मुस्कुराया है,
लगे है कान में कुछ कह गई हैं बात-सी यादें।

: 66 :

जब निगाहों पे यकीं होता नहीं।
चैन पल-भर भी कहीं होता नहीं।

धर दिया होगा किसी ने आईना,
वरना वो पर्दानशीं होता नहीं।

दोस्तो, अहसास तो आकाश है,
वो किसी पल कमतरीं होता नहीं।

अक़्ल ले जाती है अक्सर उस जगह,
शहर वो लेकिन हसीं होता नहीं।

दर्द अब उतरा है मेरी रूह तक,
पाँव या सर में कहीं होता नहीं।

जुस्तजू की मंजिलें हैं पुर-अलम,
और ग़म तो दिल-नशीं होता नहीं।

भूल जाएँगे खुदा का नाम तक,
इसलिए वो हमज़मीं होता नहीं।

बस कि मुश्किल है सुकूँ का ढूँढ़ना,
वरना ऐसा भी नहीं, होता नहीं।

जो हमें होता न उसका इन्तज़ार,
'लक्ष्मण' पैदा यहीं होता नहीं।

: 67 :

जब दिल में तू ही तू है,
फिर कैसी आरज़ू है।

शक है तो किस सबब से ?
सबकुछ तो रूबरू है।

तू जिसको ढूँढ़ता है,
मुझको भी जुस्तजू है।

क्यों दाँव पर लगा है ?
क्या तेरी आबरू है ?

जब खोट ही नहीं है,
फिर फ़िक्र इतना क्यूँ है ?

कब बेवफ़ा हुआ था ?
ये दिल तो सुर्ख़रू है।

मेरे ख़िलाफ़ है जो,
मेरा ही वो लहू है।

मय इक जगह मय्यसर,
और दूध कुबकू है।

कोई निगाह-सी कुछ,
मौजूद चार-सू है।

'लक्ष्मण' ये शेर मेरे,
मुझसे ही गुफ़्तगू हैं।

: 68 :

हमने क्यों डाले हैं डेरे शहर में ?
ढूँढ़ते हैं क्या अँधरे शहर में ?

साँस के गहने पहनकर मत निकल,
फिरते हैं वक़्ती लुटेरे शहर में।

बारी-बारी सब बिछड़कर चल दिए।
अब रहा ही क्या है तेरे शहर में ?

जंगलों में साँप अब मिलते नहीं,
आ गए हैं सब सँपेरे शहर में।

देखना है तो निकलकर देख ले,
क्या नहीं होता है मेरे शहर में।

स्वर्ग जैसे गाँव अपने छोड़कर,
क्यों किए तुमने बसेरे शहर में।

घूरती तारीकियों के बाद अब,
काश ! आए कुछ सवेरे शहर में।

क्या इरादा है, तेरा कुछ तो बता,
क्यों लगाता है ये फेरे शहर में ?

रोशनी शायद जभी तो बुझ गई,
कुछ भी कर लो अब अँधेरे शहर में।

'लक्ष्मण' को रोशनी से क्या ग़रज़ ?
सुख मिला काले घनेरे शहर में।

: 69 :

दिल जहाँ बिकते हैं वो बाज़ार था।
प्यार तो उनके लिए व्यापार था।

अपनी अब हम कौन-सी पहचान दें,
आपका हमसे भी इक दिन प्यार था।

ज़िंदगी के इस सफ़र में दोस्तो,
ज़िंदगी से हर बशर बेज़ार था।

पीठ पर यह वार अब किसने किया ?
मुड़के देखा, अपना ही वो यार था।

आँख वाले दर-ब-दर भटका किये,
और अंधों के लिए दीदार था।

कौन डूबा यह किनारे के क़रीब,
और भी कुछ हौसला दरकार था।

डस गई आशा नई उसको ज़रूर,
कल वो मरने के लिए तैयार था।

अपना सच लेकर के लौटा 'लक्ष्मण',
झूठ का ही सारा कारोबार था।

: 70 :

पी गए आकाश इक मेरे नयन।
देखिये अब अश्रु-गंगावतरण।

इक अजब अनुभव हमें होने लगा,
एक पल भी जब हुआ एकांत मन।

वैभवों के बीच से उठकर उदास,
कौन बैठा फिर गुफाओं को पहन।

हाथ मलते उम्रभर देखा किये,
कामनाओं की चिताओं का दहन।

राम को भी तो लुभाकर ले गया,
एक अनहोनी-सा सोने का हिरन।

रोशनी बन जाएगी कुछ देर में,
देखना तेरे हृदय की यह जलन।

अपने-अपने दुःख लिए बैठे सभी,
क्यों तुझे पूछेगा कोई 'लछमन'।

: 71 :

गुलों के ही बारे में हर बात होगी।
कि ख़ुश्बू की, रंगों की बारात होगी।

चाहत के दीपक सदा साथ रख लो,
किसे है ख़बर कब कहाँ रात होगी।

गले लग के सबसे चलो रो लें, हँस लें,
कि मुश्किल यहाँ फिर मुलाक़ात होगी।

ये दिल में उमड़ता ख़ुशी का समंदर,
बहुत जल्द आँखों से बरसात होगी।

अगर रोशनी पर रहे मिटनेवाले,
सभी के घरों में ये सौग़ात होगी।

: 72 :

बैठकर देख कभी घर में कि अन्दर क्या है।
धूप है, शोर है या लोग हैं, बाहर क्या है ?

जिन बिचारों की गुज़र जाती है इक चुल्लू में,
एक दिन आके न पूछा कि समन्दर क्या है ?

जिनको हासिल नहीं सुख-चैन कुछ अपने घर का,
हम उन्हें कैसे बताएँ कि कोई घर क्या है ?

एक लम्हा भी यहाँ चैन से कब बैठे हो ?
हर घड़ी सोचते रहते हो, वहाँ पर क्या है ?

रो लिया जाए कभी ये है मुनासिब लेकिन,
हर घड़ी आँख में ये अश्क़ों का सागर क्या है ?

घर में गर खिड़कियाँ रहें तो खोलकर रखना,
आपके घर से पहाड़ों का ये मंज़र क्या है ?

जब नहीं खोट कोई दिल में तो कैसी ये झिझक ?
सच ही कहना है तो कह दे, तुझे अब डर क्या है ?

आपके रूप पे कुछ शेर जो कहना चाहा,
सूझता ही नहीं कोई शब्द या अक्षर, क्या है ?

'लक्ष्मण' बैठा है घर ही में ग़ज़ल की सूरत,
लोग हैरान हुए जाते हैं, मंज़र क्या है ?

: 73 :

माना कि ज़िंदगी में दुःखों की कमी न थी।
नीयत में कोई अपने भी आसूदगी न थी।

करता न वरना तेरी ये गुस्ताख़ियाँ मुआफ़,
पी थी ज़रूर, सर पे मगर ये चढ़ी न थी।

कुछ रास आ सकी न थीं पत्थर की चौखटें,
घर से जुरूर निकला था, आवारगी न थी।

मजबूर होके माना है हमने तेरा वुजूद,
अपनी यहाँ पे कोई भी मर्ज़ी चली न थी।

ये उम्र तुझको पास समझ के गुज़ार दी,
जाना ये हमने आज वो तेरी गली न थी।

हारे हुए हैं हम किसी अपने कुसूर से,
वरना जो बला मुझ पे पड़ी है, बड़ी न थी।

यह तो थी बाजू-ए-हिम्मत पे मुनहसिर,
मंज़िल न थी क़रीब मगर दूर भी न थी।

उम्मीद थी, फ़रेब था, या ख़्वाब था कोई,
कहने को कह लो ज़िंदगी, पर ज़िंदगी न थी।

कैसे पहुँच न पाती ये लोगों तलक ग़ज़ल,
क्या उसमें वो मिठास न थी ? ताज़गी न थी ?

मर-मर के बार-बार मुहब्बत हमें मिली,
दौलत ये 'लक्ष्मण' कहीं रह में पड़ी न थी।

: 74 :

अस्तित्व का मैं अनर्गल द्वार हूँ।
शून्य हूँ फिर भी जगत-आधार हूँ।

जानता हूँ स्वाद मधु का इसलिए,
फूल का काफी पुराना यार हूँ।

मेरा होना प्रेम के कारण हुआ,
मैं प्रणय के मौन का उद्‍गार हूँ।

प्रेम-लीला है अखंड-ब्रह्मांड यह,
जिसका मैं कारण-रहित विस्तार हूँ।

मात्र सुंदर है जो कुछ भी इधर,
और मैं उसका मधुर व्यवहार हूँ।

जितने भी हैं फूल, खुश्बू और रंग,
उन सभी का सार हूँ, व्यापार हूँ।

मुझ पे मेरा बस नहीं, यह सच सही,
पर तेरा निश्चित ही हिस्सेदार हूँ।

तूने पाया या बनाया है मुझे ?
मैं तेरी रचना या आविष्कार हूँ ?

काल योनि रहित ब्रह्म संभूत हूँ,
सृष्टि का मैं पूर्णतम प्रकार हूँ।

महद् जीवन-पर्व में लाया मुझे,
मैं तेरा ही देहमय आभार हूँ।

'लक्ष्मण' को गणित से मत आँकना,
मैं कहाँ दो जोड़कर दो-चार हूँ ?

: 75 :

ओज दिनकर का व बच्चन की वो हाला अब कहाँ ?
कूर्मांचल के पंत की वो अलक-बाला अब कहाँ ?

अब कहाँ ढूँढ़ें बिहारी या किसी रसखान को ?
सूर का माखन-चुरैया नन्दलाला अब कहाँ ?

रैदास, दादू, जायसी और अमर अब्दुर्रहीम,
विष जो मीरा का बना अमृत-पियाला, अब कहाँ ?

भक्त तुलसीदास, नानक, शाह और फक्कड़, कबीर,
संत-कवियों का निराला पुंज आला अब कहाँ ?

मैथिली बाबू की भाषा का सरल स्वभाव और,
कैकयी-परिताप की वो अश्रुमाला अब कहाँ ?

वेदना की गायिका 'देवी' कहाँ मिल पाए अब ?
'प्रसाद' की कामायनी की ज्ञान-ज्वाला, अब कहाँ ?

वीणा-वादिनी दे गई जो वर अमर महाप्राण का,
क्रान्ति-द्रष्टा कविता का वो नर 'निराला' अब कहाँ ?

मातृभूमि पर मिटा था वो 'दद्दा' का जो सुमन,
उसके जैसा देशभक्त का उजाला अब कहाँ ?

इतनी ऊँची जो विरासत 'लक्ष्मण' हमको मिली,
राज-वैभव वो हमारा हिंदी वाला अब कहाँ ?

: 76 :

हाथ मलते उम्र भर देखा करें
हो रहा जो कुछ इधर देखा करें।

कारवाँ जाने कहाँ वो चल दिया,
धूल बन उड़ती डगर देखा करें।

मेहरबानी प्यार की क्या हो गई,
दर्द से घायल जिगर देखा करें।

जो फ़क़त ग़म का अँधेरा दे गई,
एक ऐसी भी सहर देखा करें।

आरज़ूओं की मज़ारें सूँघती,
साँस की ढलती उमर देखा करें।

आदमी की लाश कंधों पर लिए,
ख़्वाहिशें वो दर-ब-दर देखा करें।

काश ! अपनी सीरतों को आदमी,
अपने दिल में ही उतर देखा करें।

इश्क़ का अंजाम पूछा तो कहा,
एक शमा रात-भर देखा करें।

गर कभी पड़ जाए अपने पर नज़र,
अपने ख़ालिक का हुनर देखा करें।

जब अँधेरा ही अँधेरा है यहाँ,
'लक्ष्मण' बोलो किधर देखा करें ?

: 77 :

हरेक पल में है पाई कोई कमी हमने।
न पूछ कैसे बिताई है ज़िंदगी हमने।

शिवाला टूटने का ग़म करें तो क्या हासिल,
कि एक दिन भी तो पूजा वहाँ न की हमने।

चराग़ देर तलक जलते उस तरफ देखा,
हवा उधर को ही थोड़ी-सी छोड़ दी हमने।

समय के बेहिसाब बिखरे हुए लम्हों में,
तलाशते हुए कुछ, देखी इक सदी हमने।

ये कौन पूछेगा हमने ज़मीर बेचा है ?
बस आज खो ही दी दौलत ये आख़री हमने।

ये लोग जाने कहाँ से खुशी उठा लाए,
खुशी तो बेच दी, पाई है बेकली हमने।

किताबें, इल्म, रिसाले, फ़िलासफ़ी, ग़ज़लें,
मिला के सब ये तेरी याद बाँध ली हमने।

न जानते कि खुशी क्या है तो न था कुछ ग़म,
इसी ज़मीन में देखी थी ताज़गी हमने।

पचास फीसदी 'लक्ष्मण' ये शेर हैं मेरे,
पचास फीसदी जिसकी न बात की हमने।

: 78 :

इक किरन पहुँची न मेरे द्वार तक।
कामना का धुंध था विस्तार तक।

हर जगह पर ढूँढ़ता है फ़ायदा,
फैल जाए दिल न ये बाज़ार तक।

कल तुम्हारी याद मेरे साथ-साथ,
छोड़ने आई थी घर के द्वार तक।

क्या है जो अपने यहाँ बिकता नहीं,
जिस्म, दिल, नेकी, शराफत, प्यार तक।

दर्द मेरा जानते हैं दोस्तो,
मेरे घर के ये दरो-दीवार तक।

फूल ही लाता ज़रूरी तो नहीं,
बस वो आता, चाहे लेकर ख़ार तक।

कोई बतला दे उन्हीं का रास्ता,
चाहे ले ले सब मेरे अशआर तक।

एक शक फिर आज आकर 'लक्ष्मण',
छोड़ आया है मुझे मझधार तक।

: 79 :

बस में करना दिल हमें आता नहीं।
प्यार जज़्बा है कोई नाता नहीं।

ढो रहे हैं अपना-अपना सब ग़ुरूर,
बाप बेटे तक को समझाता नहीं।

चोर तो मन में रहा होगा ज़रूर,
इस तरह वरना वो डर जाता नहीं।

आस या कोई नहीं है इन्तिज़ार,
इसलिए अब दिल ये घबराता नहीं।

छू गई है याद दिल को फिर कोई,
एक पल भी चैन क्यों पाता नहीं।

प्यार कैसे कोई उसको कर सके,
यार, गुस्सा तक उसे आता नहीं !

लाज़िमी था सच छुपाना दोस्तो,
'लक्ष्मण' वरना क़सम खाता नहीं !

: 80 :

चैन जब पाया न धरती पर कोई।
हारकर है देखता ऊपर कोई।

नाव यों डूबी किनारे के क़रीब,
ज़िद निभा पाया न मुट्ठी-भर कोई।

तुम मुझे ठुकराओ या फिर प्यार दो,
अब नहीं होता असर मुझ पर कोई।

पेड़ आँगन में हो पक्के आम का,
आएगा ही आएगा पत्थर कोई।

किसके दर पे दस्तकें देता है तू ?
सोच तो, है भी वहाँ भीतर कोई !

उफ ! ये लम्हा-लम्हा बनकर टूटना,
क्यों जिया करता है आशा पर कोई !

'लक्ष्मण' बेमौत यों मरता नहीं,
गर न होता इस क़दर सुंदर कोई।

: 81 :

फिर खो गया अहसास ज़रा पास आइये।
दिल है बहुत उदास, ज़रा पास आइये।

वादे, वफ़ाएँ, इन्तज़ार और ये यादें,
सबकुछ ये हैं बकवास, ज़रा पास आइये।

महफ़िल में आम बात ही हो सकती है, ऐ दोस्त,
कहनी है बात ख़ास, ज़रा पास आइये।

वहशत-सी सुलग़ने लगी है मेरे बदन में,
जल जाए न लिबास, ज़रा पास आइये।

चारों तरफ शराब की बरसात हो गई,
मद्धिम-सा है उजास, ज़रा पास आइये।

सोया है होश तानके सपनों की चादरें,
चुपचुप है आसपास, ज़रा पास आइये।

दिन-रात जलाती रही हैं दिल को दूरियाँ,
आ जाएगा विश्वास, ज़रा पास आइये।

इतना क़रीब आओ कि हो जाए बात बंद,
बस सिर्फ़ हो मिठास, ज़रा पास आइये।

: 82 :

अपनी ताक़त पे आसरा होता।
फिर तो कुछ और ही मज़ा होता।

राहतें मुझ पे रश्क़ ही करतीं,
एतबार अपने पर रहा होता।

गर्मियाँ खून में जो होतीं कुछ,
जुल्म इतना नहीं हुआ होता।

हमने क्यों कह दी झट से अपनी बात,
काश ! शब्दों में फ़ासला होता।

प्यार कब था, हवस थी वो, ऐ दोस्त,
वरना क्यों इस तरह जला होता।

चलते रहते जो बेनियाज़ी से,
तो सफ़र और भी भला होता।

चाहतों के जो उनके ग़म होते,
मैं खुशी से न मर गया होता ?

ये इश्क़, अश्क, रात-दिन की तड़प,
दोस्त क्यों था ? वो बेवफ़ा होता !

मुझसे होता कभी वो मेरा मिलन,
कोई तो ऐसा हादसा होता।

कह न पाता अगर ग़ज़ल 'लक्ष्मण',
फिर तो दीवाना हो गया होता।

: 83 :

चहक पंखियों की बिखरी हरियाली पर।
धूप ले रही अँगड़ाई हरियाली पर।

एक फूल क्या हमने तोड़ा डाली से,
उभरी खरोंच-सी है पूरी हरियाली पर।

ऐसे ही यह सफ़र ज़ीस्त का तय कर लें,
जैसे शबनम है महकी हरियाली पर।

आँखें खुल गईं तो खिड़की से ये देखा,
बादे-सबा थी रक़्स कर रही हरियाली पर।

वही ग़ज़ल इस महफ़िल को मैं पेश कर रहा,
गई जो लिख के आहट-सी हरियाली पर।

थका-थका, मायूस, बेमज़ा है तन-मन,
चलो परोसें कुछ मस्ती हरियाली पर।

नाजुक पत्तियाँ वह गुस्से में तोड़ रही थी,
बैठी-बैठी आज अनमनी हरियाली पर।

गए देखने दोपहरी में वो नक़्शे-पा,
छोड़ गई जो रात चाँदनी हरियाली पर।

किसी नमी से है भीगा तन-मन 'लक्ष्मण',
चलो क्यों न हम कहें शायरी हरियाली पर।

: 84 :

मन में सुलगती पीर वो क्या थी, न पूछना।
कैसे बिताई हमने ज़िंदगी, न पूछना।

तरसा किये ये सूखे खेत, गाँव, प्यासे लोग,
किस-किस जगह पे बरसी वो बदली, न पूछना।

आई थी ज़िंदगी की बिदाई के वक़्त पर,
कैसी लगी वो हमको ख़ुशी थी, न पूछना।

अज्ञातवास जी रहे हैं पांडुपुत्र हम,
हमसे हमारा नाम वो असली न पूछना।

बहलाये हुए दिल को बहानों से हम जिये,
कितनी बढ़ी है दिल की उदासी न पूछना।

इस सच की राह पर चले थे हम भी, मगर दोस्त,
कितनी तपी हुई थी वो धरती, न पूछना।

तेरे खनकते बैन सुने और बिक गए,
क्यों होश बन गया है शराबी, न पूछना।

हम दर्द के शहर के अकेले फ़क़ीर हैं,
किस दाम पर मिली है ये मस्ती न पूछना।

'लक्ष्मण' के प्यार का निशाँ, उजड़ा मकान वो,
कितना है दिल-पिज़ीर, क़ीमती न पूछना।

: 85 :

मंडियों में बिकती इक शै-सा लगा।
शख़्स वो मुझको तो कुछ वैसा लगा।

रुक गया जो फ़ोन बजकर एक बार,
आपका ही था, मुझे ऐसा लगा।

वो ही डर और झूठ, वो ही ख़ामियाँ,
आदमी हरेक मुझ जैसा लगा।

टूटते ही ज्ञान का सारा नशा,
मुझमें मेरापन मेरा है–सा लगा।

उससे मीठे बोल दो बोला अगर,
'लक्ष्मण' तुझको कहाँ पैसा लगा।

: 86 :

मेरी बेखुदी काम आए, तो मानें।
उदासी अगर मान जाए, तो मानें।

मुहब्बत अगर हो, खुदी चीज़ क्या है ?
वो खुद ही मेरे पास आए तो मानें।

पिघलकर, उमड़कर, तड़पकर या ज्यों भी,
मेरा ग़म अगर मुस्कुराए, तो मानें।

ये सदियों से जलती हुई भूमि मन की,
तेरे प्यार से भीग जाए, तो मानें।

तेरा नाम मेरी तरह हो लबों पर,
ये सागर भी जो गुनगुनाए, तो मानें।

असर तो सदा में ही होता है, यारो,
वो सुनकर अगर लौट आए, तो मानें।

ये शामें, ये तन्हाइयाँ, ये अँधेरे,
तसव्वुर तेरा जगमगाए, तो मानें।

उन्हें भी ख़बर है कि मैं बुझ रहा हूँ,
अँजुरियों में अपनी छुपाए, तो मानें।

नशा उनकी आँखों में है मय से ज़्यादा,
वो हाथों से अपने पिलाए, तो मानें।

कि जिसका हो सीधा मुझी से तआल्लुक़,
वही शेर 'लक्ष्मण' जो गाए तो मानें।

भलों से तो सबने निभाया है 'लछमन',
बुरों से भी कोई निभाए तो मानें।

: 87 :

मिला ग़म ये जिनकी बदौलत है यारो।
उन्हें ही सुनाई शिकायत है यारो।

छुरी की तरह ये मुझे चीरती है,
मेरी साँस भी क्या मुसीबत है यारो!

हमें रोज मिटना सिमटना पड़ेगा,
कि सर पे तुम्हारी इनायत है यारो।

मुझे छोड़कर और किसकी बनेगी,
ख़ज़ाँ की मुझी से मुहब्बत है यारो।

पिलाई उदासी ने फिर कोई मदिरा,
तन्हाइयों में बग़ावत है यारो।

मुझे ढूँढ़ती है ये शब्दों की पल्टन,
अजब शायरी की हुकूमत है यारो!

ग़ज़ल आइना है 'लखन' ज़िंदगी का,
दिखेगी वही जैसी सूरत है यारो।